TESTAMENT POLITIQUE

DE FEU M. LE COMTE DE ....,

SUR

LES COLONIES FRANÇAISES,

POUR SERVIR A ÉCLAIRER LES BASES DU NOUVEAU SYSTÈME COLONIAL QUI SERA DÉFINITIVEMENT ADOPTÉ PAR LA FRANCE.

PARIS,

CHEZ ANTH^e. BOUCHER, IMPRIMEUR-LIBRAIRE,

RUE DES BONS-ENFANTS, N°. 34.

M. DCCC. XXII.

Imprimerie ANTH⁰. BOUCHER, rue des Bons-Enfants, n°. 34.

TESTAMENT POLITIQUE

DE FEU M. LE COMTE DE.....

SUR

LES COLONIES.

CHAPITRE PREMIER.

Lorsque l'Amérique fut découverte en 1492, l'enthousiasme des Espagnols, exalté par les prodiges que le génie et le courage de Christophe-Colomb enfantèrent, par les conquêtes de Pizarre et de Cortès, et surtout par l'irrésistible appât des richesses du Mexique et du Pérou, cet enthousiasme, dis-je, devint un fanatisme, qui détermina l'émigration des deux tiers de la population de l'Espagne. Ce résultat désastreux de la découverte d'un nouveau continent fut senti trop tard, et ne fut justement apprécié que par le grand Colbert, ministre de Louis XIV. Lorsqu'il s'aperçut que l'Amérique fixait l'attention des Français et qu'ils voulaient aussi coloniser dans le Nouveau-Monde, il sentit la nécessité de les préserver de cette épidémie, et il calcula sainement les moyens d'éviter le danger de dépeupler la France; il imagina un système colonial qu'il constitua de manière que les Français, en s'éloignant de la mère-patrie,

conservassent toujours le plus vif desir d'y revenir réaliser la fortune qu'ils allaient chercher sous
ces climats lointains : il évita soigneusement d'y
constituer une civilisation constante.

Il fit ses règlements de manière que le roi
restât toujours le maître, le souverain et le seul pro-
priétaire des colonies françaises ; qu'il n'y eût de
concessions faites à personne que provisoirement
et sous condition. Cette condition expresse était
que les terres concédées fussent cultivées, et que
ces terres rentrassent toujours au domaine de la
couronne dès qu'elles cesseraient de l'être ; un
délai fut fixé après lequel toute habitation restée
en friche rendait l'ancienne concession nulle , et
donnait aux représentants du roi l'occasion d'en
faire à d'autres colons une concession nouvelle (1).
Il ne voulut pas que les colons perdissent un
instant de vue qu'ils étaient Français et qu'ils devaient revenir en France ; tous ceux qui nais-
saient dans la colonie étaient considérés comme
baptisés sur les fonds de baptême de l'église mé-
tropolitaine de la capitale de la France ; et toutes
les colonies furent ensuite régies par la coutu-
me de Paris. Tous leurs droits politiques étaient
là : places, grâces, faveurs, grades militaires, noblesse, dignités, tout leur fut offert et accordé
pour les rappeler au giron de la mère-patrie.

Leurs habitations étaient si peu des propriétés,
que le partage entre frères et sœurs en était impos-
sible comme d'immeubles ; mais on se bornait à
en faire des licitations, parce que, de sa nature,
une habitation est une manufacture dont le pro-
duit résulte du concours de tant de choses acces-

---

(1) Arrêt du conseil d'état du Roi du 11 juin 1680.

soires, que le manque d'une seule en fait cesser le
mécanisme et le mouvement. C'est une espèce de
machine à exploitation dont on ne peut diviser ni
isoler aucun des ressorts sans la démonter tout
entière.

Cependant, comme il est dans la nature de
l'homme de ne considérer comme sa patrie que
le sol où il a pris naissance, cet état factice et
provisoire n'était que très difficilement compris
par les générations successives qui se dévelop-
paient rapidement dans nos colonies : le climat
des Antilles est si favorable à la population, qu'on
y a vu fréquemment des colons entourés de familles nombreuses qui pullulaient au point qu'un
individu, avant de mourir, se voyait souvent père
et grand-père de cinquante et de cent enfants. Il
devenait difficile de faire repasser tout cela en
France; un seul individu suffisait toujours pour
faire marcher l'habitation, mais l'on ne savait
que faire de tous les autres enfants : l'état politique des colonies était donc tout-à-fait contre
nature; et leur gouvernement absolument factice
et artificiel ne tendait qu'à en étouffer les déve-
loppements au lieu de les seconder; tous ces enfants créoles se dispersaient de tous côtés, et
dans tous les pays, où ne pouvant prendre que
très difficilement racine, que devenaient-ils la
plupart? Ces familles étaient semblables à ces
plantes fortes et vigoureuses qui foisonnent d'a-
bord comme toutes celles que l'on transplante
d'Europe en Amérique, mais qui ne donnent
que de *mauvaises graines* ou des *fruits avortés*,
si on ne les acclimate et si on ne les natura-
lise pas. Il y aurait long-temps que l'Amérique
entière serait peuplée, et que nos Antilles seraient
cultivées jusqu'au dernier coin de terre, tant le

sol en est fertile, si l'on eût voulu y constituer une civilisation constante, y favoriser la population, et en faire de véritables colonies, dans l'acception propre du mot. Mais, bien loin de là, on ne songeait qu'à les enchaîner par l'exclusif le plus rigoureux. On a été jusqu'à leur interdire de cultiver le blé et le vin, le lin, le chanvre, et toutes les productions dont l'Europe voulait se servir pour les attacher comme par des liens nécessaires et indissolubles. On les a empêchées, par tous les moyens, de se suffire à elles-mêmes, pour les tenir constamment dans la dépendance de la métropole.

Ce système colonial de Colbert, excellent pour empêcher la dépopulation des états d'Europe, a été adopté par l'Espagne elle-même, qui n'y avait songé qu'après s'être vue réduite en friche et comme une vaste solitude. Le petit-fils de Louis XIV, Philippe V, s'empressa d'adopter les vues de Colbert, et crut que ce serait un excellent moyen de repeupler ses immenses déserts de la Castille, de l'Aragon, de la Manche et de l'Estramadure, et d'empêcher les progrès de ces émigrations, qu'entraînaient sans cesse ce fanatisme et cette soif des richesses de l'Amérique. L'Angleterre et le Portugal furent frappés des mêmes idées, et le système exclusif devint le système européen. On est quelquefois embarrassé d'une trop grande population, mais l'épuisement est bien plus déplorable, et il n'empêche pas les révolutions, comme le prouvent de nos jours l'Espagne ancienne et la nouvelle Espagne, où le trop grand nombre d'hommes ne les a certainement pas fait naître.

CHAPITRE II.

Cependant la nature réclamait fortement et récalcitrait contre cet état presque continuel d'avortement dans ce pays heureux, où, comme l'a dit Milton du Paradis terrestre, *toute motte de terre enfante*; dans toutes les colonies, les habitants s'indignaient des cruelles entraves de la tyrannie de leur métropole.

A la Martinique, en 1717, d'après les ordres précis et les instructions formelles qu'ils avaient reçus en commun de la cour de Versailles, MM. de Ricouart et de la Varenne voulurent resserrer encore plus les entraves de l'exclusif dans cette colonie; ils voulurent même empêcher d'y établir de nouvelles sucreries, sous le prétexte que la canne à sucre épuisait le sol et pouvait le rendre bientôt tout-à-fait stérile; ils voulurent comprimer l'accroissement des richesses et de l'indépendance des habitants qui, à mesure que leurs cultures fleurissaient, sentaient le besoin d'en augmenter encore la valeur par la concurrence des acheteurs *et du commerce étranger.* La France, en voulant arrêter cet élan, imagina d'opposer à l'industrie croissante, adolescente et déjà virile des anciens colons, l'industrie tout-à-fait nulle de nouveaux débarqués. Elle chercha à multiplier les petits blancs dans la colonie; elle essaya de favoriser les petites cultures, et d'arrêter les grandes; mais les anciens habitants qui se sentaient déjà grands et forts, et capables de voler de leurs propres ailes, se révoltèrent contre ces mesures plus que paternelles de la métropole; indignés de ce qu'elle voulait qu'ils res lassent toujours dans l'enfance, ils essayèrent de s'émanciper. Ils déportèrent, en 1717 (le 3 mai) le gouverneur et l'intendant, et se nommèrent entre eux un général (M. Dubuc-l'Étang). Ils justifièrent cette insurrection, qu'ils appelèrent en langue caraïbe *gaoulé*, par tout ce qu'ils purent imaginer de calomnies contre la personne de ces autorités royales, afin d'obtenir leur pardon de la métropole, qui ne tarda pas à sentir que si l'on voulait conserver la colonie à la France, c'était le cas de fermer les yeux sur ce crime de lèse-majesté et d'employer l'indulgence; elle vit qu'il valait mieux s'occuper de réparer le mal, que de déployer une sévérité inutile. Tout fut couvert par *le pardon et l'amnistie*. MM. de Feuquières et de Silvécanne furent chargés de tout calmer par la modération et par la douceur de leur administration; mais les colons firent plus que de profiter de l'indulgence plénière qui leur fut accordée, ils en abusèrent pour obtenir toujours davantage et étendre de plus en plus leurs exigeantes prétentions. De ce moment ils ne voulurent plus recevoir de petits blancs engagés (1), dans lesquels ils ne virent que des rivaux et des ennemis de leur prospérité. Ils s'accommodaient beaucoup mieux des nègres qui ne pouvaient songer à faire fortune, qui ne murmuraient point, et ne laissaient point de postérité à craindre. Ainsi commença d'éclore le germe de l'oligarchie la plus intolérante, la plus despotique qui jamais ait existé ; ce germe se développa, et prit par la suite des accroissements si rapides, qu'on fut obligé de le réprimer par l'é-

---

(1) Jusque-là ils étaient tenus d'avoir au moins un blanc engagé dans la proportion de vingt nègres.

dit anti-oligarchique de 1727. C'est une sorte de manifeste des droits de la métropole sur ses colonies ; mais ce ne fut qu'un manifeste auquel les créoles feignirent de se soumettre, pour en éluder l'effet et attendre des occasions plus favorables. Une politique, ou plutôt une petite guerre d'observation s'établit entre les habitants des colonies et les autorités de la métropole ; les premiers sentirent déjà qu'ils étaient une puissance , et cette puissance profitait adroitement de toutes les chances favorables pour se constituer et se consolider. Ils devinrent courtisans, ils s'allièrent avec quelques seigneurs de la Métropole puissants et en crédit, qui ayant besoin de refaire leur fortune, épousèrent leurs filles ; ils cherchèrent à balancer de toutes leurs forces les intérêts et le crédit des chambres de commerce de France ; ils voulurent assister aux délibérations de ces chambres ; et pour lutter avec plus d'avantage, ils obtinrent qu'ils auraient des députés à Paris pour y soutenir les intérêts de l'oligarchie. Leur création date de 1759. Pour prouver qu'ils eurent une politique constante et suivie , il est remarquable que le choix du premier député qui fut nommé tomba précisément sur le fils aîné de M. Dubuc l'Étang, général du *gaoulé* de 1717, et qui, ainsi que son frère cadet , avait été l'aide-de-camp de son père dans cette révolte contre la Métropole.

CHAPITRE III.

MM. Dubuc l'aîné et Dubuc du Ferret arrivèrent à Paris; ils ne tardèrent pas à prendre pied et à gagner du terrain ; ils s'avancèrent bientôt jusqu'à Versailles. Le premier, depuis connu sous le nom ou la désignation de *Grand-Dubuc*, ou de *petit Ministre*, s'insinua dans la confiance des grands. Il fut nommé chef des bureaux de la direction des colonies orientales et occidentales, il jouissait du plus grand crédit auprès de M. de Choiseul, premier ministre. La fille de son frère, Dubuc-Denneville, avait épousé, en troisièmes noces, un M. de *Choiseul-Meuse*, pour lequel demandant un jour la croix de St.-Louis au Ministre du ton sinueux et délié du plus fin courtisan, il lui disait en latin : *Non nobis, Domine, sed nomini tuo da Gloriam.*

Le Grand-Dubuc saisit habilement cette belle occasion de réformer à son avantage ou à celui de l'oligarchie, dont il ne cessait d'être le commettant, tout le système colonial de Colbert, sans songer qu'il jetait imprudemment le germe de la destruction, et qu'il sapait les fondements de toutes nos colonies. Il céda la place de député à Dubuc du Ferret son frère : pour lui, il s'occupa uniquement d'administrer et de spéculer en grand sur tout le parti qu'il pouvait tirer de sa position. Il ne vit que l'intérêt des colonies et des Colons. Pendant les négociations du traité désastreux de 1763, le Grand-Dubuc, comme premier commis, fut souvent consulté par le ministre : mais en adroit courtisan il répondait à chaque question qui lui était faite qu'il ne trouvait pas que cela pût altérer en rien la haute faveur dont son excellence jouissait auprès de Mme. de Pompadour qui, dans ce temps-là, se faisait un jeu des plus sérieux intérêts de la France ; le frivole ministre alors n'hésita plus à consentir aux fatales dispositions du traité honteux de 1763. Il laissa sacrifier sans scrupule nos belles colonies du nord de l'Amérique, le Canada, le Mississipi et la Louisiane, sans lesquelles nos colonies du Midi ne pouvaient subsister. C'est en vain que la cour de Versailles avait dépensé trente millions pour fortifier Louisbourg au cap Breton; c'est en vain qu'elle avait regardé le Canada comme le boulevard de nos possessions méridionales, et que la nature et la politique voulaient que les richesses du Midi fussent gardées par les forces du Nord. Nos Antilles n'eurent plus de liaisons nécessaires et réciproques avec l'Amérique septentrionale; tout fut rompu, et le système de Colbert détruit; mais les habitants oligarques de nos îles de l'Archipel, St.-Domingue, la Guadeloupe, la Martinique, la Grenade et Ste.-Lucie, etc., s'en trouvèrent favorisés au point que, la métropole étant obligée de leur permettre de traiter avec l'étranger pour leurs approvisionnements en morue, bois de construction, farines, bestiaux, cet étranger entra forcément en concurrence avec la métropole pour l'achat ou l'écoulement de leurs denrées coloniales : cette concurrence en haussa nécessairement le prix, et les revenus des habitants de ces îles en furent doublés et triplés : *Is est reus cui prodest.* Le Grand-Dubuc fut des premiers à profiter de ce changement important pour lui et pour les siens; mais s'il eût sacrifié l'intérêt particulier qui le dominait à l'intérêt général de la France, qui ne le dominait pas; s'il eût eu un moment le cœur français, et s'il eût osé dire la vérité au ministre, quel hommage de reconnaissance publique ne lui devrions-nous pas ? Mais pour cela il aurait fallu posséder un cœur noble et une âme élevée, et le Grand-Dubuc n'avait que de l'esprit, de l'astuce et de la finesse. Il transmit tout ce que la métropole s'était réservé pour la conservation de ses droits et de ses intérêts, aux autorités créoles, et il les constitua de tout ce qu'il put enlever aux autorités du roi, qui ne conservèrent qu'un droit de surveillance et de protection : il rédigea le fameux édit de 1763, sur lequel il basa toute l'administration des colonies. C'est lui qui donna aux *conseils souverains* la consistance des anciens parlements de France ; c'est lui qui fit rendre cette fameuse ordonnance de 1768, qui accordait aux conseillers de ces cours de justice la noblesse au bout de vingt ans d'exercice ; il poussa la complaisance pour la vanité et la gloriole de ces magistrats créoles, jusqu'à faire créer dans leur sein une charge de conseiller avec le titre de *Garde-des-sceaux* (1) : c'est le Grand-Dubuc qui établit insensiblement par des dispositions éparses dans différentes ordonnances, qu'ils délibéreraient en tiers avec le gouverneur et l'intendant dans le gouvernement et l'administration de la colonie, avec une prépondérance telle que ces derniers étaient toujours forcés de déférer à la politique, aux intérêts et aux vues des habitants planteurs. C'est lui (2) en un mot qui cons-

---

(1) Ces vieux matelots, ces anciens flibustiers, qui ne connaissaient encore que les habitudes de leur premier métier, durent se croire grandis de six pieds quand ils se virent pour la première fois affublés d'une robe rouge et d'une perruque à la conseillère, en rêvant qu'ils étaient nobles, et que par cela même, quoiqu'ils n'eussent jamais fait leur droit que sur des corsaires, ils avaient cependant la science infuse ; le Grand-Dubuc leur avait imposé les mains !

(2) Le Grand-Dubuc, fort âgé, fut long-temps détenu dans une maison d'arrêt, pendant la terreur de 1793 ; pour toute prière en se levant, le matin, il s'écriait : « Mon Dieu, vous voyez » *le gaillard.* » Il disait tous les jours son bréviaire ; il allait

titua nos colonies en véritables républiques oli-
garchiques et indépendantes sous la protection
de la France, à l'instar des républiques aristocrati-
ques de Gênes et de la Suisse, etc., qui ont été suc-
cessivement aussi sous la protection de l'Autri-
che, de la Sardaigne et de la France, protection
qu'elles regardèrent comme un joug auquel le
fond de leur pensée opposait toujours le desir de
se soustraire dès qu'elles en trouveraient l'occasion : le moyen de croire que depuis ce changement l'arrière-pensée des Créoles n'ait pas été la
même ?

CHAPITRE IV.

De ce moment nous n'avons plus eu de colonies, comme l'entendait le grand Colbert, ou
comme il convenait à l'intérêt de notre commerce
et de notre marine d'en avoir ; mais bien comme
il convenait au contraire à l'intérêt et à la politique oligarchique de Messieurs les habitants
planteurs. C'est en vain que le gouvernement a
essayé de ressaisir son autorité déchue; l'ordonnance du roi, enregistrée au conseil souverain de
la Martinique, en date du 7 février 1761, qui
défendait d'employer dans les emplois supérieurs des créoles ou des Européens mariés à des

---

trouver ensuite chacun de ses compagnons d'infortune, qu'il
égayait par un fond inépuisable de saillies quelquefois très gra-
veleuses, mais qui ne manquaient jamais leur effet, celui d'arra-
cher le rire à l'homme le plus triste ou le plus inquiet sur sa position. Il fut mis en liberté, et se retira à son château de Chis-
say, près Chanteloup, où il est mort en 1794, âgé de quatre-
vingts ans.

créoles, est restée sans effet et est tombée tout-
à-fait en désuétude. Les créoles, eux-mêmes, ont
dirigé et gouverné les intérêts coloniaux de la
France et les leurs, pendant plus de vingt-cinq
ans avec un crédit et une influence coutre lesquels les chambres du commerce français ne lut-
tèrent plus qu'avec humiliation et désavantage.
Que l'on juge maintenaut s'ils ont tenu une juste
balance ; ils ont toujours su, par argent, par in-
trigues et par habitude, conserver une prépondérance marquée, même quand ils ont cessé d'avoir
entre leurs mains le gouvernail des colonies. Le
système des entrepôts fut établi par accommode-
ment, car les créoles eussent desiré obtenir la
liberté illimitée de traiter avec toutes les nations,
et la destruction entière de l'exclusif ; ils eussent
voulu qu'on les laissât maîtres d'eux-mêmes et
arbitres de leur destinée, ainsi que du commerce de France. Leur maxime favorite a toujours été que les colonies fussent maintenues
dans un état de richesse et d'opulence, sans être
obligées de payer leurs dettes ou de vivre avec
économie. C'est d'une sorte de prodigalité aveugle
de la métropole envers eux qu'ils font dépendre
la prospérité de la métropole elle-même ; c'est à
leur bonne ou mauvaise fortune qu'ils ont naïve-
ment l'orgueil de subordonner la nôtre. Suivant
eux, si vous n'admettez pas ce principe, vous n'en-
tendez rien au système des colonies: je vous dois,
disent-ils; hé ! bien, il faut que vous me prêtiez
encore afin que je vous paie. Voilà la vraie doc-
-trine et la véritable arithmétique des créoles.

Les négociants de nos ports de mer ne sont,
à leurs yeux, que *des rouliers du commerce*, et
ne sont pas le *commerce lui-même*; leurs raison-
nements sont tous de cette force, et d'une subti-

(15)

lité si fine qu'un Européen a bien de la peine à
les saisir ; mais, pour eux, ils se comprennent à
merveille. Du reste, les autorités du Roi, ses gou-
verneurs et ses intendants, ont toujours été forcés
de louvoyer ; car la moindre résistance de leur
part ne manquait pas d'être suivie de leur rappel,
et le plus souvent de leur disgrâce. Le marquis de
Bouillé, en 1777, reçut dans ses instructions
l'ordre de faire rentrer le conseil souverain dans
les bornes précises de ses attributions, dont il
s'écartait souvent ; mais il avait devant les yeux
l'exemple de MM. de Ricouart et de la Varenne ;
il crut qu'il était plus sage de les fermer sur des ob-
jets qu'il regardait comme au-dessous de lui ; il
préféra sa gloire militaire à de misérables tracas-
series coloniales, se fit respecter des colons, et
s'occupa sagement de faire la guerre et de battre
les Anglais. Le chevalier de Rohan à St.-Domin-
gue, en 1767, avait été moins heureux ; il fut
blâmé de l'acte d'autorité qu'il avait déployé
contre le conseil souverain de Port-au-Prince ; il
fut condamné, en 1769, sur le rapport du Grand-
Dubuc lui-même (un Rohan fut jugé et condamné par un Dubuc), dont M. Malouet admi-
re les principes ; mais c'est un aveuglement de
M. Malouet, car ils sont tous destructifs de l'exclusif de la métropole. Il est vrai, qu'à cette époque, cet administrateur, devenu depuis royalis-
te, était fortement imprégné lui-même des principes de l'indépendance qui fermentaient alors,
en Amérique, et ces principes lui étaient com-
muns avec M. Dubuc(1). L'expérience des révolu-

---

(1) Le Grand-Dubuc était de la secte et des réunions philoso-
phiques du baron d'Holbach, Diderot, Grimm, Raynal, etc.,

tions ne lui avait pas appris le sort qu'éprouveraient
M. de Blanchelande, gouverneur de St.-Domingue,
et M. de Barbé-Marbois, intendant ; il n'avait pas
prévu qu'à Port-au-Prince on ferait descendre de
son banc de quart, M. de la Galissonnière qui
montait *le Léopard*, et qu'on le destituerait de
son commandement, pour mener ce beau vais-
seau avec tout son équipage fraterniser avec les
sans-culottes de Brest, et mettre les aristocra-
tes à la lanterne. Il n'avait pas deviné que le co-
lonel Mauduit serait mis à mort, et que le procu-
reur-général, M. de la Mardelle, serait obligé
d'abandonner ses fonctions et de s'embarquer pré-
cipitamment, etc., s'il voulait éviter le même sort.

Il ne pouvait pas prévoir que Saint-Domingue
s'enflammerait, ainsi que la Martinique, la Guadeloupe, Tabago, Sainte-Lucie, et que partout
ce seraient les créoles blancs qui mettraient les
armes à la main des noirs, et qui les égare-
raient pour satisfaire d'aveugles ressentiments ;
car ce ne furent pas les noirs qui s'insurgèrent
les premiers contre les autorités de la métropole ; ce furent les créoles blancs qui eurent
l'imprudence et la témérité d'usurper l'autorité
militaire, exécutive, administrative, commer-
ciale et judiciaire. Toutes les autorités royales
européennes furent destituées et chassées, et tout
pouvoir leur fut ôté.

Les noirs conservèrent long-temps, et conser-
vent peut-être encore au fond du cœur la plus
respectueuse vénération pour le Roi de France :
car ce fut à la faveur de ce sentiment, pour

---

auquel il a fourni une foule d'articles qui ont servi de cannevas à
plusieurs traits de son histoire philosophique et politique des
Deux-Indes.

ainsi dire religieux et ineffaçable même dans ces âmes sauvages, que M. de Mirbeck, commissaire du roi à St.-Domingue le 22 décembre 1791, s'avança sans escorte, et, en prononçant le nom seul du roi de France, pétrifia d'étonnement le nègre Jean-François, généralissime de l'armée noire. Saisi de respect, ce chef noir descend de son cheval, et, aux yeux de tout son état-major, tombe à genoux aux pieds de M. de Mirbeck ; il se repent et pleure comme s'il eût été frappé d'un miracle ; il rétrograde avec son armée ; il rend sur-le-champ tous les blancs prisonniers qu'il avait en son pouvoir, et qu'il était sur le point d'égorger : ainsi le nom seul du roi de France suffit pour préserver cette fois la ville du Cap du massacre et de l'incendie auxquels la folle vanité et l'imprudente présomption des créoles blancs l'avaient exposée.

A la Martinique, aux mois de juin et de septembre 1790, et au mois de février 1791, les nègres ne prirent les armes que parce qu'on leur persuada que les petits blancs étaient contre le roi ; et, dans leur égarement dirigé par des blancs, ils mirent en déroute le régiment de la Martinique, commandé par M. de Chabrol, dans les défilés du Lamentin, et lui tuèrent 500 hommes.

Il est donc vrai de dire que ce furent les créoles qui s'insurgèrent les premiers contre les autorités du roi dans les colonies : ce fut le directoire colonial de la Martinique qui, en vertu du décret du 8 mars 1790, ordonna la cessation des pouvoirs du gouverneur et de l'intendant ; qui, en entraînant le vicomte de Damas, homme d'une santé délicate et d'un caractère extrêmement faible, dans les bois du Gros-Morne, lui fit accepter le commandement de son armée ; c'est ce directoire qui fit embarquer pour France l'intendant, en l'abreuvant d'humiliations et le chargeant de calomnies, parce qu'il ne voulut pas se soumettre à ses décrets tout-à-fait contraires aux intérêts du roi et de la métropole (1). Ce fut ce directoire colonial qui fit ouvrir les ports de la Martinique aux bâtiments de toutes les nations, et qui décréta que les Français n'auraient désormais pas plus de faveur que les étrangers; qui fit la guerre aux négociants de Saint-Pierre, et qui les déporta pour ne pas payer leurs dettes ; qui occasionna la banqueroute de 32 millions aux négociants de la métropole, qui n'en ont jamais été payés ; qui envoya son président en Angleterre traiter de l'occupation de l'île par les Anglais, sans autorisation ni du roi ni des princes ; qui livra la Martinique à l'armée anglaise aux ordres de l'amiral Jervis et du général Grey.(*Moniteur* du 4 mars 1793); qui stipula que l'administration de la colonie resterait entre les mains des créoles, et serait dirigée par son président, ce qui fut accordé, parce que le gouvernement anglais était persuadé qu'il n'avait la Martinique que comme un dépôt qu'il voulait remettre au roi. Cependant ces directeurs ne furent pas d'aussi bonne foi, lorsqu'au moment même où ils semblaient gouverner et conserver pour le souverain légitime l'unique domaine, souveraineté et propriété qui lui restât peut-être au monde, non-seulement ils ne

____

(1) Et parce que ce directoire savait que cet intendant était particulièrement chargé par M. le comte de la Luzerne, ministre de la marine, de traiter sur les lieux mêmes du recouvrement des 1,806,627 livres tournois prêtées au Grand-Dubuc, par M. le maréchal de Castries, en écus sonnants, le 22 février 1786, pour ériger une raffinerie au Galion.

firent pas hommage des revenus ni au roi ni aux princes dans leur infortune ; mais encore ces républicains oligarques se partagèrent entre eux les émoluments de l'administration intérieure et municipale de la colonie ; ils n'en rendirent jamais compte ni au roi ni à la famille royale ; ils ne payèrent point les dettes de leur président, dont ils avaient répondu à ses créanciers, avant qu'il partît pour l'Angleterre.

Lui-même ne les paya pas davantage à son retour ; ils virent froidement et sans en être scandalisés, ce président de leur ancien directoire-colonial, alors secrétaire - général de l'administration anglaise, envoyer deux proxénètes à Paris (M. C.... et M. O....) pour traiter avec la république française, et lui payer (au moyen d'à-peu-près 18,000 fr. , employés pour acheter des mandats au cours) les 1,806,627 liv. tour. que son père avait empruntées du Roi, en écus métalliques, par contrat passé devant notaire, entre lui et M. le maréchal de Castries, ministre, le 22 février 1786 (voyez les archives de la marine); et messieurs les directeurs ne songèrent plus que, puisque dans leur traité avec l'Angleterre ils avaient considéré la Martinique comme appartenante au roi, et qu'ils s'étaient eux-mêmes constitués ses mandataires, c'était donc pour le Roi qu'ils devaient réclamer les 1,806,627 liv. que le Roi avait prêtées ; c'était au Roi et aux princes malheureux qu'on devait compter cette somme, en écus métalliques, comme on l'avait reçue. N'était - il pas indigne de tromper la loyauté et la religion des ministres anglais, qui, croyant bien ne s'être emparés de la Martinique que pour conserver ce dépôt au Roi de France, se seraient empressés de faire jouir le roi et les princes émigrés de leurs revenus,

surtout de cette créance royale et importante
de 1,806,000 livres tournois? Mais ils se gardè-
rent bien d'en parler ni de les en avertir ; leur
machiavélique pensée était de vivre libres,
maîtres et indépendants chez eux. Sous le prétexte de conserver la Martinique au Roi, ils s'en
appropriaient la souveraineté et toutes les préro-
gatives, sous la protection de l'Angleterre, jusqu'au moment où ils en furent tout-à-coup dé-
pouillés par le traité d'Amiens, et que cet ancien
président, transformé en député de la Martinique,
vint bassement et furtivement de Londres à Paris,
en faire hommage à Buonaparte qui, n'étant pas
dupe de son adulatrice harangue, le fit mettre en
surveillance par politique ou par grâce spéciale,
car il fut fortement question de le traduire devant une commission militaire et de le fusiller.

Voilà quelles furent la conduite et la politique
des planteurs de la Martinique jusqu'à cette époque; ainsi, depuis 1790 jusqu'à 1802, on peut
dire qu'ils ont été non-seulement les propriétaires,
mais les souverains de leur île : aussi considèrent-
ils ces dix à douze ans comme le temps de la plus
haute prospérité à laquelle ils soient parvenus
depuis que la colonie existe; mais la France le
considère, ainsi que son roi, sa marine et son
commerce, comme le temps de sa plus profonde
calamité. Quelle opposition d'intérêts, et quels
contrastes d'opinions divergentes la restauration ne doit-elle pas faire disparaître ! car c'est
là le problème à résoudre.

CHAPITRE V.

Il reste donc démontré, aux yeux de tout
homme impartial, par l'expérience et par les

faits, que le système de Colbert a été altéré, dé-
naturé et changé entièrement à l'époque du traité
honteux de 1763 ; que c'est à lui et à toutes les
conséquences funestes qu'on en a tirées, qu'il
faut rapporter la cause de la destruction de St.-
Domingue, et de l'état fâcheux, critique et dou-
loureux où se trouvent aujourd'hui toutes nos
spéculations coloniales. Tout le monde sait ce qui
s'est passé au moment de la restauration : n'était-
ce pas aller contre son but que de rétablir dans
nos colonies tout ce qui y avait existé avant
1789, c'est-à-dire le principe et les conséquences du système désastreux de 1763 ? Aussi en a-t-
on vu le funeste résultat. Si, au lieu de M. le
comte de Vaugiraud, gouverneur - général des
îles du vent, le génie oligarchique eût réussi à
faire nommer un autre gouverneur à sa dévotion,
c'en était fait des Antilles françaises, elles seraient aujourd'hui, et pour toujours, à l'Angleterre ; la Martinique, comme la Guadeloupe, se
déclarait contre le Roi, puisque l'officier porteur
du drapeau tricolor était déjà admis à St.-Pierre
chez l'intendant, si M. de Vaugiraud ne l'eût fait
arrêter et mettre à la geôle ; elles devenaient par
suite la conquête des Anglais, et possessions irré-
vocables de la Grande-Bretagne.

Les vues usurpatrices de l'oligarchie du mono-
pole et de la contrebande sont assez démontrées
par les comptes généraux de la Martinique, mis
par M. le comte de Vaugiraud sous les yeux du
gouvernement ; ses ennemis et ses antagonistes
n'ont eu rien à y répondre. Les commissaires du
Roi, les commissions d'enquête et le conseil des
ministres en ont été convaincus ; la chambre des
comptes l'a été davantage ; le jugement définitif
du procès du navire anglais l'*Elisa-Anna* en sera
la dernière preuve.

De tout cet exposé il reste à conclure qu'il faut extirper jusqu'à la moindre racine oligarchique si nous voulons conserver au Roi ses colonies; les conseils souverains n'ont changé que de nom; il faut qu'ils soient définitivement organisés en cours royales et d'appel au-dessus des tribunaux de première instance, qui remplaceront ces iniques sénéchaussées, qui ont, jusqu'à présent, toujours méconnu nos lois françaises. L'esprit d'indépendance n'est point parmi les nègres; ils se prosterneront toujours devant le nom du Roi; mais il est parmi les blancs : c'est cette classe privilégiée qu'il faut préserver de ses propres excès; donnez *les droits civils* à toutes les personnes libres de quelque couleur qu'elles soient, mais *ne donnez les droits politiques à personne dans les colonies.* Le Roi, et rien que le Roi; son nom seul doit être le centre de tous les vœux, de toutes les affections et de toutes les volontés; ajournez l'organisation de l'article 73 de la Charte, aussi long-temps que Saint-Domingue ne sera pas rattaché à la France; remettez en vigueur l'ordonnance du Roi du 7 février 1761, qui déclare qu'on ne choisira à l'avenir pour employés supérieurs dans les colonies, aucune personne qui aurait épousé des filles créoles, ou qui possédât des habitations. Tout colon blanc ou de couleur ne doit être occupé que d'agriculture, du soin de sa famille, de ses esclaves et de son habitation, et jamais de gouverner (1). C'est vers

---

(1) Comment peut-on, sans avoir perdu la tête, confier aucun pouvoir politique ou donner une influence quelconque dans le gouvernement d'une colonie à un planteur qui a toujours quatre cents, six cents, et quelquefois neuf cents esclaves qu'il peut armer et faire marcher à son caprice ? *à fortiori*, à 9, 12 ou 20 planteurs semblables ; que serait alors un gouverneur pour le roi, avec douze à quinze cents hommes de garnison ? Zéro !

la métropole qu'il faut diriger leurs vues ambitieuses et l'activité de leur génie et de leurs talents. C'est là seulement qu'ils doivent jouir de leurs droits politiques. Que tous les habitants blancs ou de couleur, dans nos colonies, cultivent, travaillent et ne délibèrent jamais.

Toutefois il ne faut ajourner ni la morale ni la justice; il est urgent de donner aux colonies des prêtres, des juges, pour y maintenir les principes de la religion et la vigueur des lois, des préfets apostoliques, pénétrés de la sainteté de leur ministère, des présidents et des procureurs du Roi fermement déterminés à faire respecter le vrai sens des lois et leur jurisprudence, et qui les défendent contre les atteintes de la tyrannie et de l'anarchie. Que tous les juges qui se sont déshonorés par leur ignorance ou par leur partiale et avare iniquité soient remplacés par des gens instruits et intègres. Qu'une justice égale soit rendue à tous, européens ou créoles, si l'on veut rétablir la confiance et le crédit dont les colonies ont si grand besoin. Les blancs et les gens de couleur libres doivent jouir indistinctement de leurs droits civils dans toute leur plénitude; le code noir doit être maintenu rigoureusement, sans que les maîtres puissent en éluder en aucune manière les sages et humaines dispositions. On doit, à l'esclavage près, se croire en France quand on est dans les colonies françaises.

Le dépôt sacré des successions vacantes doit enfin cesser d'être violé, comme il l'a été constamment depuis un temps immémorial; un compte sévère et prompt doit en être rendu; le montant du reliquat pourrait en être versé à Paris dans la caisse d'amortissement, à l'instar de celui du dépôt des successions des militaires qui meurent à leur régiment, en garnison ou en campagne, afin que le compte en soit remis sans frais aux familles riches ou pauvres qui sont rarement dans le cas de s'expatrier et de s'exposer aux dangers du climat à deux mille ou à quatre mille lieues de distance de leur domicile. Les dettes publiques et particulières ne doivent jamais rester en souffrance ; les banqueroutiers frauduleux (1) doivent être rigoureusement poursuivis ; il faut enfin ôter tout prétexte à la ruse, à la chicane, à la mauvaise foi, et que la justice règne sous les tropiques avec autant d'exactitude et de sévérité que sous le 48e. degré 50 minutes de latitude. Les degrés différents de chaleur ou de lumière matérielles ne doivent influer en rien sur les oscillations de son glaive ou de sa balance ; car ses yeux doivent toujours être couverts d'un impénétrable bandeau.

---

(1) Voilà dix millions de francs dont la Martinique fait publiquement banqueroute aux négociants de la métropole, depuis deux ans seulement ; et c'est par des banqueroutes publiques que ces braves gens sollicitent, à chaque instant, notre indulgence, notre considération, et notre bienveillance ! Les bonnes gens ! les honnêtes gens que ces braves gens-là !

Autrefois un conseiller qui eût eu le malheur d'avoir pour beau-frère un banqueroutier, aurait cessé de siéger sur les fleurs de lys, mais aujourd'hui les fautes sont personnelles ; et doit-on se plaindre de ce léger défaut de délicatesse, lorsqu'on voit dans une colonie française, voisine de la Martinique, un véritable banqueroutier exerçant impudemment la charge de procureur du Roi ?

La délicatesse, la morale et les lumières ont fait de grands progrès aux colonies !

MM. de la Martinique viennent, *à ce qu'on assure*, de nommer pour candidat, à la place de député de leur colonie, un de leurs compatriotes, qui depuis plus de trente ans ne vit que de banqueroutes, qui n'a ni crédit, ni propriété, ni solvabilité, et qui n'a qu'une réputation de subtilité, d'astuce et d'esprit, réputation tellement sillonnée de cicatrices scandaleuses, qu'en vérité la pudeur du style en interdit le détail : *Deus et Rex avertant !*